प्रेमराग

[कविता-संग्रह]

प्रेमराग

अनुभूति

राधाकृष्ण प्रकाशन

राजभाषा विभाग, बिहार सरकार के सहयोग से प्रकाशित

ISBN : 978-81-8361-839-7

प्रेमराग

© अनुभूति

पहला संस्करण : 2017

मूल्य : ₹250

प्रकाशक

राधाकृष्ण प्रकाशन प्राइवेट लिमिटेड
7/31, अंसारी मार्ग, दरियागंज, नई दिल्ली–110 002

शाखाएँ : अशोक राजपथ, साइंस कॉलेज के सामने, पटना–800 006
पहली मंज़िल, दरबारी बिल्डिंग, महात्मा गांधी मार्ग, इलाहाबाद–211 001
36 ए, शेक्सपियर सरणी, कोलकाता–700 017

वेबसाइट : www.radhakrishnaprakashan.com
ई-मेल : info@radhakrishnaprakashan.com

मुद्रक : बी.के. ऑफसेट
नवीन शाहदरा, दिल्ली–110 032

PREMRAAG
Poems by Anubhooti

मुझे मुक्ति स्वीकार नहीं
यदि जीवन मेरे समक्ष
तुम्हारे मोह में जीने का
प्रस्ताव रखता है

अनुक्रम

खोज

काँच के रंगीन शीशों पर
उभर आते हैं कुछ चित्र
कई बार, चुपके से
तुम्हारी मनोरम छवि के
निस दिन मैं इनमें
अपना अवर अस्तित्व
ढूँढ़ता हूँ बार-बार
इसी खोज में अब
जीवन बीत रहा है।

कृपा

रंगहीन अश्रुओं से भरा
सागर हूँ मैं
जो बूँद-बूँद रोया है
रंग में तुम्हारे
घुलने के लिए
क्षण-क्षण में
जो छलका है
तृष्णा सबकी
भरने के लिए
पर सूख पड़ा है यह
अन्यायी ग्रीष्म के ताप से
जलधर बन तू इस पर
अपनी कृपा बरसा दे।

बोध

बोध मेरा दीर्घकाल से
निद्रारोग से था पीड़ित
भीतर मेरे सोया वह
जागने को तिलमिलाता
पर मन के विकार
उसकी सुषुप्ति
भंग न होने देते
सदियाँ बीत गईं
उसे जगाने में
करता रहा वन-विहार
तिरोहित बल की खोज में
किन्तु असफल रहा
अपना लक्ष्य साधने में
पर आज जब
तुम्हारा नाम ले
उसे जगाया
निद्रा त्याग, क्षण भर में
हो गया सचेत
विस्फारित नयनों से।

नया जन्म

यह नियम है सृष्टि का
नदियाँ बहती हैं, सूखती हैं
पुष्प खिलते और झरते हैं
नाम बनता और मिटता है
आज दर्पण में
झाँक कर देखती हो
तो अपने अनिमंत्रित किन्तु
निश्चित भविष्य के
आगमन की कल्पना से
सिहर उठता है
तुम्हारा मन
तुम सत्य पर
मिथ्या की धूल जमाती हो
नाहक करती हो कोशिश
सूखे फूलों को सजाने की
मन के निर्जन कोने में
जाकर झाँकों
मैं वहीं प्रेमकला
बिखेर रहा हूँ
तुम्हारा नया जन्म हो रहा है
मेरे भीतर!

तुम्हारे उर का निवासी

मैंने अपना घर
खाली कर दिया है
अब तुम्हारे
उर का निवासी हूँ

तुम्हारे अंतर का साम्राज्य
जीतने का लोभ नहीं
प्रेम की अपार संपत्ति पर
मेरी निगाह नहीं
तुम पर सबका
समान अधिकार ठहरा
फिर मैं तुम्हारे हृदय पर
स्वराज कैसे स्थापित करूँ ?

तुम्हारे मन के प्रासाद की
एक लघु कोठरी
आजीवन पर्याप्त है
तुम्हारी दासता
मेरी बेरोज़गारी का
उत्तम समाधान होगी
ज्ञान तुम्हारा।

मेरे राहखर्च का
साधन होगा

तुम्हारे शहर में
बसना सौभाग्य है
यह सौभाग्य मुझको
प्राप्त होने दो
घर खाली कर दिया है
अब तुम्हारे
उर का निवासी हूँ।

दिनकर, जाग !

दिनकर अकारण ही
इठलाता है, इतराता है
मूर्ख भ्रमजाल में फँसा
अभिमान कर रहा
अपने प्रकाश-स्रोत पर
घमंड में चूर हुआ
मिथ्या की चादर ओढ़
समझ रहा कि
करता वह
जगत को आलोकित
निशा उसकी प्रतीक्षा में
अँधियारे को पनाह देती
और तारे उसकी आस लिये
रात को
प्रकट होते, जगमगाते
अरे दिनकर, तू स्वप्न से जाग!
तू जले या बुझे
मुझे परवाह नहीं
मेरा सवेरा तो
मन के सिहरते
दीप से होता है।

दर्द उधार दो

मुझे थोड़ा
दर्द उधार दो
आँखें जो आज सूख चुकीं
उनमें थोड़ी नमी चाहिए
आत्मा जो
चैन से सो रही
उसे तड़प से
तृप्त करो

मन का सागर
शांत पड़ा है
धुँधली स्मृतियों की
प्रतिमूर्ति उसमें
चंचलता के अंश भरेगी
दर्द का यह ऋण
खुशियों से चुकाऊँगा
सुख की हर सुबह होगी
रंगों से भरी,
जगमगाती हुई

क्या दर्द के लिए,
इतना पर्याप्त नहीं ?

प्रेम स्थिर होना चाहता है

मुझे त्रिशंकु-सा न झुलाओ
प्रेम स्थिर होना चाहता है

तुम सागर बन
मेरी तृष्णा को
तृप्त करो
या अपनी
तूफ़ानी लहरों से
मेरे स्वप्न महल को
उजाड़ डालो

तुम मेरे संगीत में
अपनी रागिनी घोलो
या भीषण हुंकार से
मेरे समस्त स्वरों को
धूमिल कर दो

तुम बादल बन
मेरे खेतों पर बरसो
या निष्ठुर नीर के
प्रचंड वेग से
मेरी फ़सल कुचल डालो

मुझ पर विवशताओं का
पहाड़ टूट पड़ा है
औपचारिकताओं की
ओट में छिपा
प्रेम सुबक रहा है
तुमसे व्यक्त होने की
दया चाहता है
मेरे गीत
बहने को आतुर हैं
इन्हें मौन तोड़ने की
आज्ञा दो

तुम्हारी औपचारिकताओं का भार
मैं क्यूँ वहन करूँ
तुम्हारी मर्यादा की रेखाएँ
चुभती है तलवों में
मेरे सहज प्रेम को
विनत भुजाओं का
आकाश चाहिए

मुझे त्रिशंकु-सा न झुलाओ
प्रेम स्थिर होना चाहता है।

जब तुम पुकारती हो

भीड़ में नाम बनाना
अत्यंत दुष्कर है
पर जब तुम
पुकारती हो
तो पहचान
मिल जाती है
उर की विह्वलता को
व्यक्त करने के लिए
मुझे शब्दों के
आडम्बर से होकर
अपना मार्ग
बनाना पड़ता
पर तुम्हारे समक्ष
मूक रहकर भी
भावनाओं को
स्वर मिल जाते
यूँ तो हर राह पर
दृग लक्ष्य तलाशते
पर यदि तुम स्वयं
मेरा मार्ग हो
तो मंज़िल मेरी
तुममें ही विलीन है

नेहपाश

एकांत प्रहर में अकसर
मेरे भीतर कला खदबदाती
स्वप्न कुलबुलाते
नूतन कल्पनाएँ लेकर
किसी श्वेत, मूक कागज़ को
कला रेखाओं से भरना
या उनके लुप्त इतिहास को
अपने रंगास्त्र से
पुनः प्रकट करना
मन को मेरे
कितना सुख देता
पर आज कला
बँधी लगती है
तुम्हारे नेहपाश में
तभी तो जीवन के
हर सादे पन्ने पर
रेखाएँ तुम्हें आकार
दे रही हैं।

प्रेमयज्ञ

निश्चय किया है मैंने
प्रेमयज्ञ करने का
जो आरम्भ होगा
शुद्ध संकल्पों से
जहाँ निश्छल भावों के
मंत्र पढ़े जाएँगे
रक्षा में बाँधे जाएँगे
प्रणय-सूत्र और
भक्ति के भोग चढ़ेंगे
प्रेमराग की आरती
गाई जाएगी
और अहम् देगा
चिर आहुति।

प्रेमयोग

प्रेमयोग में लीन हो
प्राणों को तज कर
धारण करता हूँ तुम्हें
अपनी ब्रह्मचेतना में
अच्छे-बुरे विचारों में
ऊर्जामय बिन्दुओं में
अपने ज्ञान-चिंतन में
कुटिल मन के संदेहों में
इस ध्यानस्थ स्थिति में
बड़ा सरल हो जाता है
दिव्य प्रेम को
अनुभूत करना।

अपरीक्षा

यह युग परीक्षाओं का
ली जाती हैं परीक्षाएँ यहाँ
जन-जन के सत्य की
हर विश्वास-स्थापना से पूर्व
देने पड़ते हैं प्रमाण
पहचान से प्रेम तलक
संताप झेलने पड़ते यहाँ
तर्कहीन आरोपों के
कीमती लबादे ओढ़ने पड़ते
मन और चरित्र पर
पर उस उन्नत लक्ष्य ने
नहीं ली कोई परीक्षा मेरी
नहीं किया संशय भावों पर
इस युग में भी उसे
मेरे प्रेम पर
पूरा भरोसा था।

सुरक्षा

हृदय बड़ा कोमल था मेरा
बचाना पड़ता था इसे
छोटी-छोटी घटनाओं से
नहीं सहन कर पाता था
व्यंग्य वचनों के
निर्दयी प्रहार
पल-भर में
घर कर जाती
कोई उत्तेजना,
उपालंभ किसी का
पर अब मुझे आराम है
सौंपकर तुम्हें अपना हृदय
नहीं प्रभावित करतीं
तुच्छ व्यथाएँ मन की
नहीं जकड़ पातीं अब
समय और घटनाएँ
सचमुच तुम्हारे पास
हृदय मेरा सुरक्षित है।

कामना

जानता हूँ प्रेम यह
दुःख लाएगा
विवश करेगा मुझको
सुख-साधन छोड़ने पर
किसी अनिश्चित स्वप्न
के बदले में
छीन लेगा
मेरे नसीब से
सभी उन्मत्त पलों को
पर इन सबके बाद भी
निश्चित है
प्रेम का कायम रहना
अपने कठोर तप के वर में
मैंने हर बार
माँगी है
तुम्हारी प्रेमपीड़ा
चुभन के साथ
रहने के लिए।

भावकुसुम

मन के विस्तृत
मधुबन में
भावों के
अंजुरी-भर कुसुम
द्वंद्वों के
विकट समय में
सुरभित बल देते
जब बुद्धि
हो जाती कुंद
पड़ जाती मंद
कोई रहस्य सुलझाने में
तो भावों की उँगली थाम
फिर नया संघर्ष करता हूँ
और दुविधाओं के हल
प्रस्तुत हो जाते
मेरे समक्ष
अनायास अनचाहे।

प्रेमताप

आज सूर्य भी जलता है
मेरे हृदय के तेज से
जो खिल रहा
मुख पर मेरे
प्रेम का महाताप बनकर
और लगी है चाँदनी
इसी प्रयत्न में निरंतर
कि शीत हो जाएँ
प्रेमानल की तपती लपटें
वसुधा भी है डरी-सी
चुप है गति को थामे
कि भस्म न हो जाये कहीं
प्रकृति उसकी यह
दाघ पाकर
पर लौ ठहरी
प्रेम की यह
प्रलय कैसे लाएगी
इसकी योजना तो
शून्य चक्र को भेदकर
सौ और सूर्य
उगाने की है।

तुझ पर चढ़ा कमल

तुझ पर चढ़ा कमल हूँ मैं
नहीं मुझ पर अधिकार किसी का
साधनालीन, अटल हूँ मैं
तुझ पर चढ़ा कमल हूँ मैं

हिमखंड भी पिघलता ताप से
संसार तड़पता है प्रलाप से
पर तप मेरा यह भंग न होगा
मैं मुक्त हुआ कर्मों के पाप से
मान प्रतिष्ठा त्यागी है
प्रेम लौ फिर जागी है
मैं हाथ जोड़ने आया हूँ
मैं मोह तोड़ने आया हूँ
दीवार गिराने लौटा हूँ
मैं प्रेम बढ़ाने लौटा हूँ
भक्ति में तेरी अचल हूँ मैं
तुझ पर चढ़ा कमल हूँ मैं

जहाँ रात अँधेरी छायेगी
मैं वहीं प्रदीप जलाऊँगा
पीड़ा खुद हर माता तेरी
मैं नयन नीर बरसाऊँगा

नभ के बादल को भेदकर
मैं नया सूर्य चमकाऊँगा
नीरव जब होगा मनाकाश
सुन, प्रेमराग मैं गाऊँगा
मेरे जीवन का है यह प्रण
गुरु बिना है उचित मरण
भक्त बड़ा निर्मल हूँ मैं
तुझ पर चढ़ा कमल हूँ मैं।

है रीत पुरानी

है रीत पुरानी इस भू की
सब मिट्टी में मिल जाता है
संसार बसाते हो क्यूँ फिर
जब प्रलय अनिश्चित आता है
निंदा के बिल में रहते हो
गाते अनेक हो अफसाने
जागो, विनाश आने को है
ओ, स्वप्नलोक के दीवाने!
दानवता की तलवार लिए
तुम लहू बहाते फिरते हो
अगणित कलंक का भार लिये
पापाग्नि में गिरते हो
मन आसक्ति में जलता है
तृष्णा फटती अंगार लिये
सारे जग का दुर्भाग्य लिये
संबंधों का व्यापार लिये
किस अहंकार में हो डूबे
तुम किन भोगों में चूर हो
तुम दास किसी वैरी के नहीं
मन से अपने मजबूर हो
दृग खोल ज़रा इत उत देखो
हर जगह बनी मरघट सी है

इन मिट्टी के इतिहासों में
कई मुर्दों की आहट सी है
सागर-भर लेते उदर में तुम
फिर भी न तृप्त रह पाते हो
क्षणिक सुखों के लोभ में
मानवता बेचे जाते हो
मुझको देखो, मैं वैरागी
हर सुख-दुःख को ठुकराता हूँ
भीतर जो प्रेम है दीप्त रहा
केवल उसको अपनाता हूँ

मैं दास प्रभु का ग़म पीता
आनंदमग्न होकर जीता
हर पीड़ा के उपचार नाथ
मेरा विस्तृत संसार नाथ।

संदेश

भाषा से लगते हैं
तुम्हारे नयन
पलकों के कानन से
जो परिचय देते हैं
और चतुर्दिक घूम-घूम
संकेत छोड़ जाते हैं

कोई आदेश सुनाते हैं,
व्यंग्य वचन कसते हैं
गुहार कोई लगाते
या मन बहलाते
केवल पुकार कर

भीतर कठिनाई बढ़ाता
एक सागर बहता है
भावों की लहरों से रहता जो
भिगोने को तत्पर

इस अटल सागर में
सन्देश तैरते अगणित
भरते आकुलता अंतस में
उर में मचाते हलचल

त्यागो यह नयनों की भाषा
स्पष्ट सन्देश सुनाओ
दया करो मुझ पर
विह्वलता न बढ़ाओ।

प्रेम का श्रृंगार

क्षण-भर को अपना श्रृंगार भूलो
मेरे प्रेम से अलंकृत हो जाओ

याचना यह कोई बड़ी नहीं
बात बड़ी सरल है
फिर क्यों कठोर बन बैठी हो
ज़िद छोड़ ज़रा उपकार करो
प्रेम का श्रृंगार करो।

जो धूल लगाये फिरती हो
वह नहीं चमकने वाली है
जब प्रेम सजाओगी मन में
सुषमा सारी खिल जाएगी
नहीं इससे इनकार करो।
प्रेम का श्रृंगार करो।

तन इससे कोमल होता है
मन इससे निर्मल होता है
यह मैल नहीं पड़ने देता
यह पुलकित, पावन रखता है
प्रिये! इसका सत्कार करो
प्रेम का श्रृंगार करो।

प्राण यदि तुम मेरे होते

प्राण यदि तुम मेरे होते
कालान्त तक तुम्हारा
साहचर्य नसीब होता
यदि भाग्य से मुझको मिल जाते
तो तुमसे प्यारा
कौन मुझे था?
किन्तु तुम भी बँधे हो
सृष्टि के संकल्पों से
निष्ठुर नियम निभाना होगा
मुझे छोड़कर जाना होगा
जब पाँच महाभूत
मुझे पुकार लगाएँगे

सत्य ही मनुज
है बड़ा लाचार
जहाँ प्राण भी
उसके नहीं अपने
इसी सत्य को जानकर
हे करुणामय!
तुम्हें प्राणों से
अधिक चाहा है।

स्वप्न

आजकल स्वप्न मेरे
यथार्थ जैसे होते
नहीं करते प्रकट
नहीं दिखलाते चित्र
स्मृति-लीलाओं के
नहीं होते गुम
अतीत के मेले में
बस शून्य से
प्रकट होती कोई आभा
दिव्य आलोक लिये
पास आ मुझको
हृदय से लगाती
मन मेरा
पारस हो जाता।

प्रेमभ्रम

यदि कोई भ्रम
पालता है यह मन
तो इसे रोक मत,
पालने दे
हाथ क्या लगेगा
सत्य जानकर
उम्मीदों के प्राण लेकर
कौन-सा ज्ञान बोध होगा
निश्चल भावों का गला घोंटकर
उचित है भ्रम में जीना
स्वयं नश्वर रहकर
इस प्रेमभ्रम को
अमर बनाना।

प्रेमकथा

इतिहास–गुहा में
हैं छिपी अनेक कथाएँ
जन–जन के जीवन की
ये कथाएँ बीज होतीं
परम्पराओं के वृक्ष की
जगत खोजता इनका रहस्य
मूक, प्राणहीन पत्थरों में
या कलमबद्ध आख्यानों में
है ढूँढ़ता इनके प्रमाण
पर मेरी प्रेमकथा
तय करेगी यात्रा
कल्पनाओं से सत्य की
और सत्य के उस पार
चमकेगा इक ध्रुवतारा
जगत को
प्रेमालोक से
भरने के लिए।

मुलाकात

फुरसत में कभी
इस नादान के लिए
कोई मुलाकात निकालो
तुम्हारी चाह लिये निकल पड़ता यह
अनजान सड़कों पर
तुम प्रतिदिन विचरती
अपने नवकानन में
चुनती हो रंग-बिरंगे फूल
पर भूल जाती हो
मुरझाए कुसुमों को
जो खिलते थे कभी
तुम्हारे स्पर्श से
उसी में पड़ा है
फूल एक अनाम
दया करो प्रिये!
छू लो तनिक इसे।

गीत का विलाप

किसकी ध्वनि है
जो निरंतर मेरे
स्वरों को दबा जाती?
किस दिशा में यह
छली पवन बहता है
जो मेरे शब्द तुम तक
पहुँच नहीं पाते,
अनसुने रह जाते?
या कौन सी धुन का
तुमने श्रवण किया है
जिसका वास
मेरे गीतों में नहीं?
इस कवि के गीतों का
आधार तुम हो
व्यर्थ है
इन गीतों का माधुर्य
असफल रहे यदि शब्द
तुम्हें मोहने में
खो जाएगी माधुरी
स्वरों की
सहेज लो
मेरी गुहार को
सुन लो प्रेमराग को।

उपचार

कटु दृश्य जो
दृगों ने देखे
वे पावन अश्रुओं से
धुल गए
मुख जो
अपशब्दों का
द्वार बना
तुम्हारा नाम लेकर
पवित्र हुआ है
गर्जना जो
सुनी थी स्वरों की
तुम्हारी चुप्पी में
विलीन हो गई
भय के आतंक से
कंपन जो अंगों ने
महसूस किये थे
तुम्हारे दिव्य स्पर्श ने
इनका उपचार किया है।

तुम्हारी करुणा

तुम मुझे मोम का
पुतला समझो

करुणा से तुम्हारी
पिघल पड़ता हूँ
जला करता हूँ
उल्लास से तुम्हारे
रूठने से तुम्हारे
वापस बुझ जाता हूँ
बन जाता हूँ
विराट अग्निपुंज
तुम्हारे नेह से।

लोग समझते

लोग समझते हैं
कि तुम मेरी
निराधार कल्पना हो
अनजान हैं वे सब
इस रहस्य से
कि कल्पनाओं का
आधार तुमसे है
यह बात कोई
तुमसे पूछे तो
टाल देना
मुझे नहीं है दरकार
किसी साक्षी की
मुझे प्रमाण
नहीं देना।

सुझाव

मेरे शुभचिंतकों का सुझाव है
कि पीछे मुड़कर ना देखो
यदि आगे बढ़ने का
संकल्प ठाना है
पर मुझे
पीछे मुड़ना है
हर बार
आगे बढ़ने से पहले
चुनने हैं मार्ग में पड़े
सभी कंकड़-पत्थर
तोड़ने हैं गति-अवरोधक
हटाने हैं राह के बाधक
और सरल बनाना है
रास्तों को
ताकि किसी
अनुगामी को
तुम्हें पाने में
पैरों को लहूलुहान
न करना पड़े।

पराजित

तुम मेरी मुट्ठी में कैद
हवा-सी लगती
जो बंद मुट्ठी में
समाने का
दावा करती है
और ज्यों ही करूँ बंद
अपनी हथेली
फिसल जाती हो
काल के समान
मेरे करों से
चकमा देकर
फिर भी यह बावरा मन
नहीं ऊबता तुम्हारे खेल से
पसंद है इसे बार-बार
पराजित होना
तुम्हारे खेल में
सोचता है इसी बहाने
तुम्हें पाने की चाह
और खोने की विकलता
कायम रहेगी।

मेरा अधिकार

दुखों का भार
क्यों लेती हो?
इन पर अधिकार बस
मेरा है
सौंप दो मुझको मेरी संपत्ति
दुःख के पत्थरों से
घर बनाना है
पर आजीवन गुप्त रखूँगा
इस घर का
पता तुमसे
ताकि भूल से भी
यह दुःख का घर
तुम्हें ना मिले।

नींद चाहिए नींद

नींद कहीं गुम है
कितने दिवस बीत चुके
पर निशा जब कभी आती
घर की चौखट से ही
दबे पाँव लौट जाती
आस पड़ोस के
सभी घरों में
तिमिर अपना डेरा
जमाए रहता
पर मेरे भवन में
आश्रय लेना
उसे स्वीकार नहीं
उसके आतिथ्य के लिए
कितनी तैयारियाँ की थीं
कितने उत्साह से
बिछौना सजाया था
मैं स्तब्ध खड़ा
चकित हूँ कि
मेरी चेतना
किसके मोहपाश में
बँधी हुई है?
प्रत्येक रात्रि को

उसका साहचर्य मिलता
हम दोनों
शून्य के बागों में टहला करते
चेतना सोती, ख्वाब जागते
पर आज उसकी वंचना ने
मुझे असहनीय वेदना का
शिकार बना दिया है
मेरे गवाक्ष से
आती हवाएँ
लोरी न गाकर
करुण क्रंदन करती हैं
रात्रि की नीरव अवस्था
मेरे जागरण पर
क्रूर हास्य करती है
अब सोचता हूँ कि
नींद की बाट
बहुत जोह ली
नींद के आगोश में
किसे जाना है?
अब तो जागना है बस
निर्दोष स्मृतियों के साथ।

कुछ बूँदें नेह की

जब मैं तुम्हारे
मंदिर पहुँचा
तुमसे पूर्व
तुम्हारे भक्तों से भेंट हुई
भक्तों की लम्बी कतार
खड़ी थी
कुछ प्रसाद पाने आये थे
कोई आपदाओं से मुक्ति
कोई सौभाग्य मनाने पहुँचा था
कोई दुर्भाग्य टालने आया था
मैं दूर खड़ा
तुम्हें देखता
तुम्हारे दृगों को
मेरी तलाश थी
पर यह खोज बंद कर दो
तो बेहतर है
मैं नहीं आऊँगा!
मुझे प्रसाद नहीं लूटना
मुझे वरदान नहीं माँगना
दे सको तो दे देना
कुछ बूँदें नेह की।

मोह

मुझे सदा
यहीं रहना होगा
यह जन्म
तुम्हारे लिए
पर्याप्त नहीं

सदियों से तुमसे
उऋण होने के
प्रयास में जुटा हूँ
पर तुम
नित रूप बदलकर
नए उपकारों से
मेरा भार बढ़ाते जाते हो
कई जन्मों से तुम
स्थित हो
मेरे हृद-केंद्र में
हर जन्म मैंने
की कोशिश
विलग होने की
नियति नहीं चाहती
मुझे वैराग्य प्राप्त हो
युगों-युगों से उसने मुझे

बाँधे रखा तुमसे
सृष्टि ने मेरे मोक्ष को
तुम्हारे मोह के
आवरण में छिपाया है
अतः मुझे
रुकना होगा यहीं
कई जन्मों तक
बार-बार।

मुझे बरसना है

यूँ तो मेरी
हर कल्पना
पानी के
बुलबुलों-सी होती
दो पल को
आकाश में तैरा करती
फिर तत्काल ही फूटकर
नभ में समा जाती,
लापता हो जाती
कल्पना के
विस्तीर्ण लोक में
सत्य कहीं छिपा बैठा है
इसकी खबर थी मुझको
पर आज उससे
पहचान हुई है
आज तक बस
बुलबुलों के पीछे
दौड़ लगायी
बारिश जो तुम
बरसाती रही मुझ पर
उसकी बूँदों में
भीगने का अहसास

आज हुआ है
अब अम्बुद बनकर
मुझे बरसने दो
तुमसे पर्याप्त भर चुका हूँ
थोड़ा खाली होने दो।

तुम्हारे द्वार पर

तुम्हारे द्वार पर
मेरे समर्पण ने
दस्तक दी है
हृदय के कपाट खोलो
इसे भीतर आना है

यह अतिथि
सत्कार का
अभिलाषी नहीं
तुम्हारे हाथों से
परोसे गए पकवानों
का आस्वादन
नहीं करना इसे
बिस्तर पर
दोनों टाँगें पसार
झपकियाँ नहीं लेनी इसे

तुम्हारी सेवा में
यह दास बन
प्रकट हुआ है
यह तप करने
पहुँचा है

इसे खूब तपाओ!
यही इसका
सत्कार होगा।

विश्वास

मुझे विश्वास है
लम्बे सफ़र में
पाँव से पहले
यदि संकल्प थक जाए
और विरोधी मन
मेरी इन्द्रियों को
वशीभूत कर
किसी घने वृक्ष की छाँव में
सुस्ताने का
प्रलोभन दे
तब तुम्हारी स्मृति ही
इस मनरचित मायाजाल का
छेदन करेगी
इसी विश्वास पर
अपना सफ़र
तय कर लिया है
अब लहू बहे
या तलवे छिलें
कदम नहीं रुकेंगे।

ख़ामोशी मेरी चिरसंगिनी

ख़ामोशी चिरसंगिनी है मेरी
जब कभी दिव्यलोक में
विचरण करना हो
वह वाहन की
भूमिका निभाती
सांसारिक प्रलापों के
प्रभाव में आ
इच्छाओं के
प्रबल तूफ़ान में
जब संघर्ष करता मन,
वह एकांत की गोद में
मुझे सुला, सागर पार
किनारे तक लाती
मन को
विकलता की कैद से छुड़ा
मौन सुरक्षा-कवच पहनाती
यही वह स्थान है
जहाँ मुझे
तुम्हारा विस्तार
देखने को मिलता
जहाँ शब्दों के चीत्कार

अनसुने हो जाते
और प्रेम मौन बनकर
गूँजा करता है।

मेरी तलाश

सड़कें तन्हा चलतीं
और तन्हा चलता है
उन पर चलने वाला आदमी
घर की कुण्डी चढ़ा
चार पैसे
अपनी फटी जेब में डाल
निकल पड़ता है
अनजान सड़कों पर
नए सफ़र की
तलाश में

मैं भी चल रहा हूँ
पर मेरा सफ़र
इतना सरल नहीं
मुझे हर राह पर
तुम्हारे घर की
खोज है।

निर्भय

डरता है आदमी
समाज और संबंधों से
आशंकित है आदमी
संपत्ति और सुविधाओं के लिए
पर मुझे कोई भय नहीं
नहीं लेनी कोई सुरक्षा
जब तक
तुम मुझमें
सुरक्षित हो।

केवल तुम

इस भ्रम को पालना मत
कि चुनाव मेरा
अंधा है
मैं जानता हूँ
तुम्हारी दुर्बलताओं को
कमियों को
नाकामियों को
पर इस रहस्य को
मन ने पढ़ा और
इन्द्रियों ने की है
अनुभूति इसकी
कि तुम्हीं हो
मेरी नाव का किनारा
तभी तो
आँख मूँदकर
मेरा प्रेम
स्वीकारता है
केवल तुम्हें!

प्रश्न

प्रश्न अधिकांश यह
खौलता था मेरे मन में
चयन किया क्यूँ भाग्य ने
मेरा तुम्हारे लिए ?
प्रश्न छटपटाता
चीखता गला फाड़ कर
गुहार लगता रात-दिन
अपनी पहेली के
हल के लिए
पर अनुत्तरित रहना ही था
इसके नसीब में
फिर बदला समय और प्रश्न भी
आज मन ने पूछा
चयन हुआ क्यूँ
तुम्हारा मेरे लिए ?
और प्रश्न का उत्तर मुझे
तत्काल ही मिल गया।

प्रेम

मैं लड़ता हूँ
समय-समय पर
युगों-युगों से
काल-काल में
अपने मायावी मन से
जो है जन्म देता
तर्कहीन आशंकाओं को
करता है जो
कलुषित चित्त को
भर देता है
शुद्ध प्रेम को
भ्रमों के गरल से
घातक है इसका प्रहार
निःस्वार्थ भाव के लिए
रक्षा करनी होगी
दिव्य प्रेम की
इसके कुटिल आतंकों से
आरम्भ से लड़ता रहा हूँ
अंत तक लड़ता रहूँगा
होना होगा पराजित मन को

हर बार रण में
इस महायुद्ध में
प्रेम सत्य का प्रतीक है।

बदलाव

मिलने के पूर्व तुमसे
भीतर मेरे बस
मैं ही बसा था
भर चुका था
स्थान उर का
आत्ममुग्धता से
शिखर पर अहंकार चढ़ता
करता अट्टाहास
पर संग जब से
तुम हुए हो
सीख गया है यह मूढ़
निंदा की कुटिया बनाना।

उद्देश्य

भिन्न है मेरा मार्ग
उन सबों से
जो पाँव पखारते
सफलता के
धारण करते
मुकुट-सिंहासन
छल के बल पर
ठानी है देने की चुनौती
जीर्ण मान्यताओं को
धूल में मिलानी है
समस्त धारणाएँ
प्रारंभ करना है
एक नया युग
करके विनाश
भ्रमित मानसिकताओं का
आज मन के कोने में
तुम्हारे संकल्प ने
जन्म लिया है।

तुम्हारे साथ

लौट आया हूँ मैं
फिर से अपने घर
छोड़ अपनी व्यथाओं को
तुम्हारे आँचल में
साथ बस लाया हूँ इक
सुरभि तुम्हारे चरणों की
दे चुका हूँ
जीवन के
हर कृत्य को
संज्ञा तुम्हारी
और ध्वनि के विस्तार को
संगीत तुम्हारे
प्रेम का
दर्द हैं बाँटने सभी
मुझको तुम्हारे साथ ही
लिपटना हैं
तुम्हारी करुणा से
शिशु जैसे
फूटकर रोता है
जननी की गोद में।

ठहराव

मुझे आदत है
तेज़ चलने की
मंज़िलें भर देती हैं
गज़ब का बल
मेरे पैरों में
सफ़र तय करता हूँ
बिना रुके, बिना मुड़े
पर तुम जहाँ से गुज़री थीं
मैं वहीं ठहर गया हूँ
और यह ठहराव मन को
भाने लगा है।

अद्वैत

हे अथाह शून्य के स्वामी!

रख लो मुझको
अपनी घनी चेतना में
झुका दो मन में उठती लहरों को
सुला दो गूँजती स्मृतियों को

अपनी बौद्धिक क्रीड़ा से
मुझे अवकाश चाहिए,
तुम्हारी आत्मा में मुझे
आत्मा बनकर रहना है।

तुमको कैसे बिसरा दूँ !

कितनी अँधियारी रातों में
आँखों के जुगनू जलते हैं
कानन की निविड़ उदासी को
अपने रव राग से भरती हो
मैं तुमको कैसे बिसरा दूँ?

चिर-मौन, निराशा मातम भी
खो जाते बस दो ही पल में
अवसाद सभी हर लेती हो
कातर मन को सहलाती हो
मैं तुमको कैसे बिसरा दूँ?

एकाकीपन जब गहराता
नयनों में सागर लहराता
तुम बैठा करती सिरहाने
चितवन से उर बहलाती हो
मैं तुमको कैसे बिसरा दूँ?

बस तू ही तू

सुखद है
यह एकांत
यह परम शांति
न विचार न विकार
न स्मृतियों से संघर्ष
न भावों से टकराव
बस तू ही तू

सुखद है
यह शाम
जहाँ मुझ जैसा कोई दिन
मिल जाता तुझ-सी रात में
पिघलाकर अस्तित्व अपना
रहता न मैं, रहती न रूह
बस तू ही तू

सुखद है
यह खालीपन
न कोई साथ, न कोई पास
धीमी-धीमी कुछ बात तेरी

धुँधली-धुँधली कुछ याद तेरी
और होने का अहसास तेरा
बस तू ही तू।

अभिनय

कुछ शव-सा
बन बैठा हूँ
मैं तुम बिन

भावों का कोई स्पर्श नहीं
रंगों से अब पहचान कहाँ
भीतर जो तुम झाँको मेरे
पाओगे सब सूना-सूना
नीरवता निर्जन रात-सी,
हलचल जो देख रही दुनिया
सब धोखा है नज़रों का यह
जग क्या जाने मेरी छलना

जो तुम बिछड़े
तो मैं खोया
मैं भूल गया
जीवन क्या है
बस याद रहा
कि तुमसे है
जीना मरना
इस लघुमन का
जब मन रोया था सागर भर

तब चेहरे पर मुस्कान मढ़ी
जब जीवन रूठा बैठा हो
तो जीवन का
अभिनय ही सही।

अनकही

फैली हुई स्याही
बिखरा-सा कमरा
उचटी हुई नींद
भारी-सी पलकें
सब तुम्हें पुकारते हैं
चोरी-चोरी, बड़ी दूर से
सामने ग़र आते भी
तो भेस बदलकर
पहनकर छली मुस्कान
पर
रात का सुबकता सीना
तन कर खड़ा हो जाता
वक़्त के थरथराते होंठ
चर्चा करते दुनिया-भर की
पर एक मौन
अंतस में कैद
कंठ जिसे स्वर देता नहीं
नैन जिसे छलकाते नहीं
है तुमसे मिलने को आतुर
लिपटने को तुमसे विह्वल

सब-कुछ बाँट लिया तुमसे
बस दुःख ही न कह सका
पर खुश हूँ
कि न कह सका
प्रेम कहाँ कुछ कहता है!

माया

करती हूँ प्रयास
आयास अनायास
तुमसे दूर जाने को
भागती हूँ लेकर यू टर्न
विपरीत दिशा में
यादों को चकमा देकर
वादों को फुसलाकर
पर हार जाती हूँ
बार-बार, हर बार!

दूरी घटती नहीं
तुम उतने ही करीब होते हो
उतने ही साथ
हिरण की कस्तूरी की तरह
नहीं समझ पाती
इस मिट्टी की देह में
मैं जीवित हूँ या तुम!

मंज़ूर नहीं

जब कभी
धैर्य टूट जाए
सब्र छूट जाए
नहीं ओढ़ पाओ
वो हँसता हुआ चेहरा
भीतर चुभन लिये, घुटन लिये
जब साँसों की जगह
सिसकियाँ लेने लगो
तो
चुपके से
उस दर्द को
मेरा पता देना
तुम्हारी आँखों का काम
मेरी आँखें कर देंगी
तुम्हारा काजल फैले
प्रेम को
यह मंज़ूर नहीं।

तुम होते तो

कितने सारे, कितने प्यारे
सपनों को मिलता नव-जीवन
भावों को मिलते पंख नये
और अभिलाषा करती नर्तन
तुम होते तो!!

दे डोर तुम्हारे हाथों में
रथ चलता मेरे जीवन का
सब सत्त्व लुटा तुम पर अपना
हर कोना भर जाता मन का
तुम होते तो!!

साँसों की बंसी फूँक फूँक
रचता सुर तुझे रिझाने को
पथ चलता मैं सारे दुर्गम
इक तेरे द्वार पे आने को
तुम होते तो!!

तज देता सब बैरागी बन
जो होता बस तेरा होता
तेरा विषाद हर लेने को

मैं झोली-भर खुशियाँ खोता
तुम होते तो!!

तुममें जीता बन श्वास प्रिय
करता तुमको स्पंदित हरदम
बजती मन वीणा तार-तार
छिड़ जाता प्रेम का राग-राग
तुम होते तो!!